鳥居ミコ

いつもの自分がやらないほうをやってみる

サンマーク出版

あなたの小さな勇気が、
あなたの心に自由の風を届けますように。

自由に焦がれつづけるあなたへ

「もっと、自由になりたい」


私のところに訪ねてこられる方の多くが、こうつぶやかれます。

「ミコちゃんみたいに、もっと自由になれたら」

フェイスブックやブログなどで、私のことを知り、私がいつも楽しそうにしている姿を見て「そうなりたい」と足を運んでくださる方が多いようです。


人間関係の不自由から自由になりたい。

母親との関わりから自由になりたい。

お金の不自由なく、毎日を安心して過ごしたい。

もっと自由に仕事をしたい。

「自由」というたった二文字の言葉の向こうには、相談にいらっしゃる方それぞれの背景があり、シンプルながらも、とても重い言葉だと感じます。「自由になりたい」とつぶやいただけで涙を流される方もいれば、「そうは言ってもなかなか……」と、険しい表情をされる方もいます。

そんな方々に私はこうお伝えするのです。

「私もね、最近なんですよ、自由を手に入れたのは。

いや、本来、自分は自由だったんだってことに気づいたのは」

ほんの3、4年前までの私は、自由とはほど遠い世界にいました。人生の半分以上を自由に焦がれて生きてきた、ただひたすらに頑張っている女性のひとりでした。

厳格な家で、こうあるべき、という親の期待を背負って育ち、それに反発した私は、親に頼らずに大学に進学しました。学費や食費、生活費をアルバイトで稼ぎ、その後、大手企業に就職して結婚と同時に会社を辞め、弁護士を志しました。33歳で弁護士になった私は、相談者の方々の言葉を代弁し、依頼者の自由と幸せをつかみとることこそ、わが使命と、身を粉にして目の前の仕事に没頭しました。

もちろん、仕事だけでなく、ひとりの女性としての幸せをつかもうと必死に追い求めていましたが、なぜか、それはいっこうに手に入らない。

弁護士として社会的な信用を得ながらも、私の気持ちは真っ暗闇の中でもがいていました。どこかで世界に絶望していたともいえます。

私が、幼いころから求め、焦がれてきた「自由」。それは、「私に不自由を強いないで!」という心の叫びでした。

私はずっと「不自由はイヤ!」という思いを持ち続け、自由を渇望していたのです。

でも、今から3、4年前に、心のことを学びはじめた私は気づくことになります。

不自由さにうんざりして、自由を求めているけれど、具体的に「何に」不自由さを感じていたのかを考えてみると、それが実はかなり限定されているということに。

「約束を守らなくてはならない」「時間に遅れてはならない」「私が何とかしなくてはならない」。私の場合はそんなときに、不自由さを感じているんだなあ。

……あれ？　でも、これだけ？

私は大いに戸惑いました。

なんと、「不自由さを強いられている」と思うことは、自分の行動を100として考えたとき、10ほどもなかったのです。

ずっと不自由さにフォーカスし、そこから抜け出したいと強く思うことで、残りの90の自由さを忘れ、小さな10の世界がすべてだと思っていた。

人は、少しでも不自由だと感じると、あたかも、世界じゅうが自分のすべてを制限しているように感じる傾向があります。私もそのひとりで、必死でそこから抜け出そうともがいていたのです。

「不自由を知ったから、自由に気づくことができるんだ」

そう知った私は、同じように自由に焦がれて訪ねてくる相談者の方に、それをお伝えするようになりました。

弁護士であり、同時に心理カウンセラーでもある私が感じているのは、法律相談にいらっしゃる方も、心の悩みを抱えてカウンセリングに訪れる方も、人はすでにあるものには気づきにくいものなのだな、ということです。

親、配偶者、子ども、仕事、趣味、財産……ときとして人は、その宝物のような恩恵に気づかない。そして、「ない」部分にフォーカスして「欲しい」と必死にもがくのです。でも、幸せなピース、自由はすでに持っていると気づいたとき、世界は一気に広がります。10の世界が１００に広がる瞬間です。

この本でお伝えしたいのは、**私がいかにして自分の不自由さに気づき、自由である**

ことに気づき、笑顔で生きられるようになったのか、という経過と方法です。

私自身の体験と、相談者の体験を交えて、どうすれば、もっと自由に楽しく生きられるのかを、あなたにお伝えしたいのです。

ひとりで必死に頑張ってきたことを、否定しなくていい。

もう、孤独なうさぎのように、寂しさに耐えながら頑張らなくていいんです。

あなたは自由で、幸せでいていいし、その切符はすでに手の中にあるのだと、知って欲しいから。

本当は、多くの人たちに支えられているのだと気づいたときの感動を、あなたにも味わって欲しいから。

そして、私よりも先に自由を味わいつくして生きてきた人たちが伝えてくれたことの、その素晴らしさを、あなたに伝えたいから。

あなたよりも、ほんの少しだけ早く自由になれた私から、
自由に焦がれているあなたへ。

この本にたどり着いたことが、その答えになりますように。

もくじ

いつもの自分がやらないほうをやってみる

本編

いつもの自分がやらないほうをやってみる

イラスト　伊藤ハムスター
ブックデザイン　萩原弦一郎（256）
DTP　二階堂龍史（くまくま団）
構成　MARU
編集協力　馬越寿美（くすのき舎）
編集　橋口英恵（サンマーク出版）

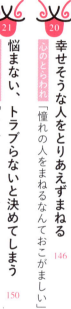

イントロ

あなたのままで心地よく生きる練習

1 今まで自分が「やらなかったほう」をやってみる

仕事や恋がうまくいかず、同じことばかりを繰り返してしまうとき、そこには、人生を好転させるための課題が隠されています。

人生の苦しいときは、占いに頼ったり、心理学を勉強してみたり、恋愛指南書や自己啓発本を読んだりする人もいるかもしれません。でも、なかなか本で読んだとおりにはいかなかったり、頭では理解できても、行動が変えられなかったりすることも多いのではないでしょうか。

私もそうでした。

でも、ひとつだけ、私がやってみて、とびっきり効果的だった方法があります。

それは、

いつもの自分が「やらないほう」をやってみる、ということ。

今までとは真逆のことを試してみるということともいえます。

たとえば私の場合。

私は、

「自分のやりたくないことでも、必要に迫られればやること」

は得意だけど
「自分のやりたくないことを、ぐずぐず言わずにさっさとやめること」

が苦手。


「嫌なことも、時には勇気を出して取り組んでみること」

は得意だけど、

「嫌なことは、勇気を持ってやらないこと」

は苦手。


だから私は、この「苦手なほう」をやってみました。

つまり、「やりたくないことをさっさとやめる練習」「嫌なことは勇気を持ってやらない練習」を自分に課しました。

それを手始めに、今までやらなかったほうの「自分」をとことん試してみたのです。

取り組んだのは、

「義理でお仕事を受けるのをやめる」
「求められたこと以上の成果を出そうとすることをやめる」
「いい人と評価されたくてやっていたことをやめる」

ということでした。具体的には、

「メールに必ず丁寧な返信をすること」をやめる
「古くからの友達全員と仲良くする」のをやめる
「嫌いな人のことを無理に好きになろうとする」のをやめる
「みんなが断ったことを引き受けること」をやめる
「何でも責任を取ろうとすること」をやめる
「行きたくない場所に誘われても行く」ことをやめる

自分で言うのもなんですが、私はそれまで、正義感と責任感が服を着て歩いているような人間でしたから、正直言って、これらの練習は簡単ではありませんでした。

義理とはいえ、いただくお仕事を断るのは恐怖でしたし、嫌いな人も、いいところを見つけて好きになってこそ大人、そう信じていました。社会人たるもの、関わっているすべての責任を取ることこそ大事と思ってきたのです。

そんな高いハードルを何度も跳んでみて、私は気づいたのです。

やりたくないことでも、私はいつもやらなくてはならない理由を探し、引き受けるのが自分の役割だと思い込んでいたことに。

思い出したのは、幼いころのこと。

自分にすらできないことを、子どもにやらせようとする親に対して「そんなのおかしい」と思っていたはずなのに、いつしか、私は「誰からも文句のつけようのない人になる」と決心し、「いい人」を始めたように思います。

そこからの意思は固くて、我慢が得意になり、嫌なことも嫌と言わずに完璧にこなそうと、体力の限界まで走りつづけたのです。

結果、自分の感情や体調に気づきづらくなり、大人になってからも、やりたくないことでも、ポーカーフェイスで乗り切って、自分さえ我慢すれば、世界は丸くおさまるのだと信じるようになりました。

やりたくなかったことをやめることで、私は、幼いころから自分に課した掟の数々に、初めて気づくことができたのでした。

2
白黒2択の選択肢にグレーを加える練習

普段自分がやるのとは正反対のことをやったときに、起こったこと。

それは、自分が予想していたものとは違う結果でした。

たとえば、「時間に遅れることはあってはならない」と思っていた私が、恐る恐るあえて遅れてみたとき、そこにあったのは「大丈夫？」というあたたかい言葉でした。

自分が「こうでなくてはならない」と思っていたことと反対のことをやっても、恐ろしいことが起こるわけではありませんでした。

「こうであるべき」という自分の中の掟のようなものと、その「真逆」のこと。次第に、「どちらでも、結局、怖いことは起きないのだ」ということを、私は肌感覚で理解するようになりました。

白か黒しかなかった選択肢に、少しずつグレーが加わりました。白もある、黒もある。グレーも濃淡さまざまある。そのなかで、さて、自分はどれを選ぶのか。自分でそれを決められるのだとわかったのです。

もし今あなたが、生きづらくて悩んでいるのだとしたら、それは「今までと真逆のことをやってみて」という合図かもしれません。

どんな小さなことからでもかまいません。期間限定の「真逆キャンペーン」と銘打って、今までやっていたことと逆のこと、こうでなくてはならないと思っていたことと反対のことを、ぜひやってみてください。

誰にでもいい顔をしてきた人は、人に愛想を振りまくのをやめてみたり、人に「嫌だ」と言えなかった人は、反抗期のように「嫌だ」と言いまくってもいいでしょう。

どんなに心に抵抗が生まれたとしても、あえてやってみる。すると、やってみた人だけがわかる感覚に必ず気づきます。

それは、**「自分が自分に禁じていたことをやったからといって、世界から見放されるわけではない。実は世界はとてもあたたかくてやさしい」**という体感です。

頭で考えようとする自分をいったん脇に置いて、これまで「やっていなかったほうの自分」をやっても大丈夫という体験をしてみてください。

それが、自分を大切にする第一歩であり、人生を変える第一歩になるのです。

3

過去を悔やまず 未来をおそれない自分になる

やりたくないことをやめる……と言ってみても、ひたすら頑張りつづけてきた人は、「やりたくないこと」を「やりたいこと」だと思い込んでいることがあります。

そこに自分の役割を感じて、倒れるまで頑張っていると、感情は麻痺し、自分が本当にやりたいこと、そしてやりたくないことに気づけなくなっていきます。

また、やりたくないことをやめ、いつも自分がしないほうをやってみようというとき、それに抵抗するような感情が湧いてくることもあるでしょう。

そんなときに必要なのは、自分の「今」を取り戻すこと。「今」に集中する練習です。

おすすめは、静かな場所にあぐらのような姿勢で座り、目を閉じて深呼吸すること。

まずは、息を吐き出して、吐き出し切ったら、鼻から深々と空気を吸い込みます。

8秒かけて鼻から吐き出して、8秒かけて吸い込む。これを10回ほどやると、肩の力が抜けていきます。


よく、断捨離をすると、運気があがるといいます。これは、新しいものが入ってくる隙間を作ることで、自然と今の自分に必要なものが入ってくるということ。呼吸も同じ。古い空気を吐き出すと、自然と新しい空気が入ってくる。それと似たように凝り固まった思考を吐き出せば、新しい考えやひらめきが降りてくるのです。

呼吸に意識を集中させると、グルグルしていた思考が止まり、交感神経の働きがゆるまります。今この瞬間を生きている自分に100%フォーカスすることができるのです。

はじめて、意識的に丁寧に深呼吸をしていたとき、私はふとこう思いました。

「あれ？　私は何であんなに、過去と未来ばかりに目を向けていたのだろう」

それまでの私は、何か起きるたびに、過去の自分の記憶をさかのぼり再体験して、「自分のせいでそうなったのではないか」と自分を責め、「またそういうことが起きるのでは」と未来におののき、心配ばかり。

何をするにも先回りをして、悪いことが起きないように細心の注意を払い、やりたくないことを大量に引き受けていたのです。

ところが、深々と深呼吸をしながら今ここにいる自分を実感したとき、それまで、私は、「自分という家」に**「自分お留守」**の看板を出していたのだと自覚しました。

呼吸に意識を向けて、思考から解放されたときはじめて、自分が家に戻ってきたような安らぎを感じることができたのでした。

私のように、これまで人生を全力疾走してきた人。逆に、思ったように行動できず、鬱々としてしまっている人。

意外かもしれませんが、どちらの場合も、実は、脳は過去と未来を行ったり来たりしていて、フル回転していることがほとんど。

過去の経験を繰り返し思い出し、未来を妄想して不安を抱くから、「全力で動く」か「まったく動けない」かのどちらかになるのです。

表に見える状態は真逆でも、心の構造は同じです。

全力で動いてきた人も、何をしようにも立ち止まり動けなかった人も、何はともあれ、いったん、「自分という家」に帰りましょう。「今」という時間を自分に取り戻すのです。

今に焦点が合えば、自然と、今の自分の心に焦点が合います。

自分のやりたくないこと、本当はもうやめてしまいたいと思っていること、ずっと我慢していること……それらが見えやすくなってきます。

この本で取り組んでいただく「いつもの自分がやらないほう。やってはいけないと思っていること」を見つけるために、「今」にフォーカスするのです。

4 すべての「的」になると決める

本編に入る前に、最後にお伝えしておきたいことがあります。

それは、心の「前提」についてです。

引き寄せ、願望実現、起きる人と起こらない人の違いは実はとてもシンプル。

それは、自分の願いがすべてかなっているのだと気づいているかどうか。そして、引き寄せたものを受け取っているかどうかです。

というと、

「え!?　思ったとおりになんて、なってない！」

「私の願いはかなっていない」

という声も聞こえてきそうですが、「かなっていない」と思う人の多くは、ちゃんと引き寄せているのにそれを見ようとせず、受け取っていない人。

たとえば、「私はできない人間だから、やっても結局無理だから」と思っていると、せっかくのチャンスが来ていても「いやいや、これは私には無理」と、自分から手を離してしまうし、「私は美しくないから素敵な彼はできるはずがない」と思っていると、素敵な男性から声をかけられても「いや、そんなはずがない」と思って素直に受け取れない。

仮に受け取ったとしても、「これが続くはずがない」とか「最後は結局裏切られる」とかたくなに信じ、結果、結末をわざわざ悪い方へと持っていこうとすることさえあります。

せっかくやってきたチャンスを「これ、私の思ってたものじゃない」と受け取り拒否していることがなんと多いことか……。とはいえ、私もずっとそうでした。

それはまるで、「的のど真ん中に当たる矢だけしか受け付けません」と宣言しているようなもの。少しでも外れた矢は「これは違う」と、視界から消していたのです。


なんだか傲慢な感じに見えますが、実はこの状態は、素直な人、一生懸命頑張ってきた人ほど陥りやすい「スネ子化」現象ゆえのものだったりします。

子どものころから、なかなか自分が思ったものがもらえずに、誰か（その原体験はほとんどがお母さんなのですが）の期待に応えようと奔走しまくって、寂しさに耐えながらひとりで頑張って、疲れ果てた結果、大人になったころには、すべてをあきらめて、スネてしまうのです。

「どうせ、うまくいかないし」

「どうせ、愛されないし」

そんな言葉がリフレインして、自分の目の前でどんなに素敵なことが起こっても「でも、これじゃない」「今さら……」と、手を伸ばせば届くそれを受け取らない。

完全にスネ子のできあがりです。

こうなってしまうと、「わかってくれない」「してくれない」と不平不満を漏らし、「自分をとりまく世界＝加害者」というフィルターで見るから、自分はいつも被害者。これが、なかなかにタチが悪いのです。

もしも、あなたが「もう、やることなすことうまくいかない！」とか「あいつもこいつも、ムカツク！」というようなモードに入っているのだとしたら、要注意です。

スネ子化した自分を本来の素直な自分に戻す方法があります。それは、**心の前提として、「すべての的になる」と決めること。**

そう覚悟すると、本当にたくさんの矢が飛んできて、全身に当たり、願いや思いは、良いことも悪いことも、どんどんかなっているのだと気づきます。

ここからお伝えしていく「いつもの自分がやらないほうをやってみる」方法を通して、あなたの身にはさまざまな変化が訪れることでしょう。

いいことが起きる秘訣は、この「すべて受け止める」「すべての的になる」という前提あってのものなのです。

5
自分が作った「鳥かご」に鍵はかかっていない

自由を求めて苦しんでいるときに、

「あなたはすでに自由です」

と言われて「そっか、なーんだ、よかった」と答えられる人はいませんよね。

もちろん、世界の片隅で、ひとりぼっちで苦しんでいるつもりだった私も、当時はそうだったと思います。

不自由さを感じているときは、物事が、自分ではなく他の誰かによって生み出されているような感覚に陥りがち。誰かが自分を鳥かごに閉じ込め、青い空を自由に飛ぶことを邪魔しているという思い込みです。

でも、実はここが大きな勘違いです。その鳥かごは、かつて自分を守ろうとした幼い自分が、傷つかぬようにと、せっせと作った頑丈なバリア。でも、よくよく見ると、その扉は開いています。そう、出入り自由の鳥かごの中で「ああ、空を自由に飛びたい」と願いつづけているのです。

それに気づくとき、ほとんどの人はのけ反ります。私も、何度もそこに気づいては、ソファからゴロリンと転がり落ちそうになりました。

人から痛めつけられないように頑丈に作った鳥かご。それは、「私はこういう人である」と自分で決めた狭い空間。中から眺める風景といえば、眼に映る人すべてがまるで飼い主のよう。自分を監視し、逃げようとすれば捕まえられ、痛めつけられると思い込んでいます。

経済的不自由、時間的不自由、環境的不自由、そして、心の不自由。不自由にもがき、鳥かごの外の青い空を見上げては「いつか、空を飛びたい」と願い、自由に空を飛ぶ鳥を見ながら「何で自分は飛べないのだろう」と苦しんでいます。

でも！　よく見てほしいのです。

その「扉」は開いているから。誰も鍵をかけてはいない。

そう、あなたは自分の足で、自分の翼で、不自由さの外へと飛び出していけるのです。

今こそ、勇気を振りしぼって、扉から一歩外に踏み出してみませんか？

そのためのとっておきの方法。それが、「これまでの自分がやらなかったほうをやってみること」なのです。

本　編

いつもの自分がやらないほうをやってみる

1

一目散に自分を優先する

心のとらわれ

誰かのための自己犠牲は美しい

自己犠牲の上に幸せは成り立たない

「悲劇のヒロイン体質」にご用心！

あなたが、幼いころに好きだったお話は何ですか？

大好きだった童話やお姫様、心惹かれる映画には、あなたの生き方の指針が示されていることがあります。

自分がなりたい女性像や、自分に似たタイプの主人公に感情移入しやすいというのもありますが、お話が伝えている生き方が、潜在意識に刷り込まれてしまうことがあるのです。

私が幼いころ大好きだったのは「人魚姫」。愛する人への思いゆえに、自らの命を犠牲にする物語です。

このお話を繰り返し繰り返し読みながら、「誰かのために命を投げ出すなんて、なんて美しいお話だろう」と思っていました。

大人になってからも、誰かのため、何かのために主人公が亡くなる小説や映画を見ては、心が大きく揺れ、感動し、尊いと感じていました。

が！　このような「私が犠牲になるから、あなたは幸せになって」という物語に心ときめいた人は要注意です。いつの間にか、

「もし自分が犠牲になって人が幸せになるのなら、それが本望」

「こころよくゆずれる人であることが、何よりも美しい」

なんていう価値観が育ってしまっている可能性が高いから。

私の場合も、まさにそうでした。幼いころから、自分を犠牲にして人のために何かをする人がカッコよく見えたし、どんなときもそう思って動く自分がいました。

理不尽なことを言って同級生を傷つけた先生に抗議するために、わざわざ白紙答案を出して単位を落としたり、恋愛でも「私ではこの人を幸せにできない」と、ひっそり自分から離れてみたり。

「好きになった相手のために自分を犠牲にするのが当然」

さらには、

「好きになった相手のためを思って、最後は自分から潔く別れて去るのが美しい」

こんなことを本気で思っていたのです。

なんと痛々しいことでしょう。まさに、自己犠牲の賜物です。

おとぎ話の世界を、知らず知らず現実世界に反映させていたなんて。心の勉強を始めて、47歳でこの事実に気づいたときには本当にショックで冷や汗が出ました。

「お先にどうぞ」をやめてみる

好きな童話って、無意識に選んでいるように見えて、その選択には、母親の価値観や育った環境も大きく影響しています。

日本の多くの女の子は「いい子でいなさい」「人のことを考えなさい」「人に迷惑をかけないようにしなさい」と言われて育ちます。

いつの間にか、私のように、自分の幸せを後回しにするというルールを自分に課してしまう人も少なくないはず。

でも、考えてみてください。自分を後回しにして困っている人や不安な人の役に立つことは、自分を見失い、自分のことを忘れているのと同じこと。それに気づいた私は、自己犠牲をやめるレッスンを自分に課しました。

第一関門は、自分に選ぶチャンスがきたら、まっ先に「これがいい！」と言ってみる、というもの。

たとえば、職場などでいただきもののお土産など、みんなで好きなものをどれかひとつ選ぶとき、「お先にどうぞ」とか「私は余ったのでいいです」と言わない。「これがいい」をまっ先に伝える。

そんな、ごくごく小さなことから、自己犠牲をやめてみるのです。

もちろん、自己犠牲が前提だった人にとっては、これだけでも、大きな挑戦です。

もしも躊躇する気持ちが湧いたときに心の中で唱えてほしいのは、「私が我慢をすれば、物事がうまくいくというのは、まぼろし」という言葉です。

そう、自己犠牲の上に成り立つ幸せなんて、まぼろしなのです。

もめごとだって、誰かが犠牲にならずとも、丸く収まるときは収まるし、誰かが犠牲になったとしても収まらないときは収まらないのです。

だから、「わがままな自分」になることで、自己犠牲が素晴らしいという呪縛を少しずつ解いていくのです。

これ以外にも私が試したことがあります。

たとえば、電車に乗り込んだら、まっ先に空いている優先席に座る。そして、座れた喜びを感じてみる。オフィスで電話が鳴っていても「今日は出ない」と決めて、誰かにまかせる。そして、ゆったり自分の仕事に集中できる安心感を感じてみる。突然、休暇をとって自分が好きなことをして「やらなくてはならない」という感覚から抜け出してみる……というもの。

こう聞いて「そんなこと、できない！」と感じる人ほど、いつも自分を後回しにして、いろんなことに我慢をしつづけてきた人。そんな人は、それくらい意識してようやく、少しずつ自分を大切にできるようになるのです。

エクササイズ

おやつタイムで「私はこれがいい」と最初に選ぶ

2

「大根ください」のテンションで言いたいことを言う

心のとらわれ

言いたいことを軽々しく口にしてはいけない

自分の希望を置き去りにしてきたことに気づく

「お手洗いに行ってきます」すら言えない私にさよなら

あなたは思ったことや感じたことを素直に言葉にできますか？

私は、つい4年前まで、他愛もないことほど、それができませんでした。

たとえば、真夏の会合で、エアコンがキーンと効いている部屋の中でも「寒いので温度を上げてもらえますか？」と言えない。寒いので席を外してお手洗いに行こうと思っても「ちょっと席を外します」と言えない。結果、ずっと我慢……今考えると「何の修行？」と問いたくなるようなことをしていました。

ふと疑問に思ったことや、ふと気づいたことがあっても、

「こんなことを聞いたら笑われるかな」

「こんな話をしたら迷惑かな」

と、いちいち相手や周囲の反応をうかがって、勝手にネガティブな想像をし、結局、自分の希望を何ひとつ口に出せないことがあったのです。

「弁護士なのに？」と言われそうですが、弁護士でいるときは、「依頼者のため」「正義のため」という大義名分があって、どう思われようと的確に聞き、伝えることがで

きました。これは、もしかしたら、ある種、自分からいったん乖離できる「仕事スイッチ」のようなものかもしれません。でも、日常に戻った途端にそのスイッチは切れてしまうのです。

自分の希望を言わなかったために自分にとって嫌な状態が続いても、それが今は大事なのだと無理やり思い込もうとしていました。

「思い込もうとしていた」というのは、「言えないから仕方がない」という風に、ただあきらめていたのです。たとえ納得していると思っていても、実際は、小さな不満が溜まりつづけていたのです。

言いたいことを口に出せず、我慢をしながら、押し込めた不満。その不満の正体って、いったい何だと思いますか？

それは、

「私を大切に扱ってほしい」

「私の気持ちをなかったことにしないで」

という心の叫びです。

いったい誰に対しての心の叫びかというと、言えなかった相手……ではなく、実は、自分自身に対してのSOSなのです。

「大根くださ〜い」のテンションで希望を伝える

言いたいことを、そのとき、その場で、自然に表現すること。

カウンセリングをしていると、これができない女性が多いことを感じます。

その原因の多くは、子どものころに、母親から何を言っても否定されたという経験であったり、友人たちに、言いたいことを言ったらバカにされたという経験だったりします。

もうすっかり大人になっているのに、そのときの記憶や感情が、言いたいことを言おうとするときに呼び起こされ、不安と怖れを抱いてしまうのです。

それが長年続くと、

「どうせ、言っても無駄だから」

「どうせ、聞いてもらえないから」

「どうせ、否定されるだけ」

そんなあきらめが先立って、どんどんブレーキがかかり、自分の内側にある思いを表現することをやめてしまう。

でも、心は叫びつづけているのです。「私の希望を聞いて！」と。

そろそろ、そんな自分の心の声に、耳をかたむけてあげませんか？

ほんのささいなことからでかまいません。パートナーに「私、疲れちゃったの。お皿洗って」。相手が母親なら「私、疲れちゃったからご飯つくりにきて」という具合。

「それすらも言えない」という人にはおすすめの準備体操があります。

それは勇気を出して、自分を一番出しても安全だと思える相手……つまり、自分にまず言ってみることです。

最近、言いたくても言えなかった言葉を、まずは思い出してみてください。

そして、そっと深呼吸して、その言葉を、まずは鏡の前の自分に向かって言ってみ

てください。

「大根くださ〜い」って八百屋さんで言うのと同じくらいの気軽なテンションで。

「私、疲れちゃったの。助けてほしいの」

言いたかったことをまず声に出して自分に言えたなら、不思議と、今度は人に向かって言うチャンスが来ます。そのタイミングで、練習したとおりに、とっても気軽なテンションで言ってみてください。

最初は勇気が必要かもしれません。でも、一度「えいや！」と言葉にしてみると、思ったことを言っても必ずしも責められるとはかぎらないこと、そして、自分の感情を表現しても、恐ろしいことなど起きないことがわかるでしょう。

それに気づいたときの安堵感、自分の思いを大切にしてあげられたという感動を、ぜひあなたにも味わって欲しいなと思います。それは、とっても幸せな感覚だから。

エクササイズ

自分がしてほしいことを誰かにひとつ、言ってみる

3

あえてドタキャンしてみる

心のとらわれ

一度決めたことを途中で やめてはいけない

「責任感でやりぬけ」は 人を追いつめる黒魔術

「最後までやりぬかねば」という魔の呪文

まず、寝る間を惜しんでバリバリ働いているあなた。

責任感、使命感に突き動かされ、それをまっとうするために身を粉にして、自分の日常を犠牲にしてでも頑張りつづけていませんか？

そしていつの間にか、誰の助けも期待せずにすべてを自分で引き受け、走りつづけていませんか？

次に、日々何かしらの理由をつけて本当にやりたいことに挑めないあなた。

端から見ると、怠けているように見えているかもしれませんが、実はすごく頑張っていることに気づいていますか？

動かないこと、そこにとどまることで責任を負わないよう、責任ある立場につかないように必死に自分を守っているとしたら、そこに費やすエネルギーは膨大なものです。ひょっとして、いつも疲れているのでは？

この2つは真逆に見えて、そのどちらにも、「責任感」という足かせがうかがえます。

そして、この両方の選択の原点は、「一度引き受けたことは、ちゃんとこなさなくてはならない」という心のとらわれです。

前者は、だからこそ馬車馬のように働き、後者は、だからこそ責任を負うことを避けるようになったといえます。

「一度関わったら、最後までやり遂げなさい」

私の母は、私が子どものころから、私にそう言いつづけました。

私に限らず、子どものころから「何事も責任を持ってやりなさい」と言われた経験のある人は多いのではないかと思います。

ですが、この言葉は実は大人になるにつれ、自由を奪う魔の呪文になっていく一面があるのです。

「無責任」をやってみてわかったこと

「何が起きたとしても、責任を全うしなきゃならない」

そんな責任感の足かせは、不自由さを掻き立てます。

だから、私は、あえて、これまでと真逆をやってみることにしたのです。「約束したことをキャンセルしてみる」「やると言っていたことを、やらないでいてみる」といったように。

それまで、何度もドタキャンをする人のことを、全力で軽蔑してきた私にとって、これは大きな大きなチャレンジでした。

ドキドキしながら、何とかやってみてわかったのは、私の中に「怖れ」があったということ。「無責任な私には価値がない」「無責任になると、周りの人に非難され、見向きもされなくなる」という怖れが、私の中には渦巻いていたのです。

ところが、やってみると、現実は驚くほどやさしかった。もう、拍子抜けとはこのこと、という感じでした。

無責任なことをしても、非難されるどころかフォローしてもらえ、見向きもされなくなるどころか「ミコさんにもそういうところがあるのですね。ホッとします」なんて、むしろ好意を感じてもらえたり、「じゃあ、僕がやりますね」なんて張り切ってくれたりしたのです。

その現実に気づいたとき、「起きてもいないことへの悪い想像」「頑張るのをやめると怠け者になりそうという不安」を、もっともっと手放していけるような気がしました。

「私は、責任を取らなくても、愛される」

以降、私はそんな隠れキャッチフレーズをつけ、日々を過ごすことにしたのです。

すると、どんどん自分にＯＫを出せるようになり、週末にたくさん寝ることへの罪悪感や、思うままに過ごすことへの罪悪感など、自分を制限していたものがひとつずつ外れていきました。

「責任感」ではなく、自由な心で「責任」を取る

こうして、私は頑張るのをやめて、時間に余裕を持てるようになり、気持ちもゆるんでいきました。すると、今まで感じていた「責任を取るのは重い」というイメージが「責任を取るのは自由」というイメージに変わっていきました。

私がこれまで出会ってきた〝幸せマスター〟たちは、共通して、のんびりしたりボーッとしたりする時間を上手に確保していて、ゆとりをたっぷり取り入れた生活をし

ています。

彼らを見ていると、**自分が選んだことに対する責任はしっかり取っているのですが、それは、重い責任ではなく、自らの意志を前提とした軽やかな責任です。だから、何の気負いもなく、とても自由。**何よりも、頑張りすぎていないのです。

自由と責任は、実はセットだということを彼らは教えてくれました。

責任を取る覚悟ができたら、どんなことも自由に選べるのです。

実は、「責任」と「責任感」は大きく違うものです。

「責任」はそこにただあるものであり、何かを選ぶことによって、必ず、取ることになるものですが、「責任感」は、自分の思い込みや感情でできているまやかし、妄想です。

だから、実際取ることになる「責任」よりも、ずっと大きく、ずっと重たく感じるのが「責任感」なのです。

では、なぜたくさんの妄想をし、大きな責任感を抱え込んでしまうのでしょう。

それは、子どものころからたくさんの「〇〇すべき」を守ってきたことによって、本当に自分がやりたいことを選べていないから。

「これは〇〇すべきだから選んだだけ」と、自分が選んだ道に責任を取ろうとせず、「本当はやりたくなかった」と人のせいにし、「でもやらなくてはならない」という思いを背負う。それによって責任感は大きく重くなっていくのです。

そんな、自分の自由意志に基づかない、まやかしの責任感にとらわれた毎日を過ごしていると、突然の大病や交通事故などが降りかかり、「強制終了」が起こることがあります。

無理をして頑張っている人が突然倒れたり、怪我をしたりするのは、「お願い、もう止まって。でないと取り返しがつかないよ」という心の奥のSOSだったりするのです。

一方、自由な人は、自分が選んだ「必要な責任」だけを引き受けるから、気負いもありません。

「責任感」を手放して、自由とそれに伴う必要な「責任」だけを取る。

それができるようになると、あの重たさはどこへやら。

「必要な責任を取るって、こんなに気が楽だったのか」と気づきはじめます。

とはいえ、何十年も頑張りつづけてきた人は、すでに「責任感のプロフェッショナル」です。気をぬくとすぐに頑張りスイッチが入ってしまうかもしれません。

だからこそ、定期的に、気合を入れて「あえて頑張らないキャンペーン」を開催することを、おすすめします。

エクササイズ

約束を当日に理由も言わずにドタキャンしてみる

4

嫌いな人の嫌いなところをまねてみる

心のとらわれ

お酒に飲まれる弱い人間であってはならない

「嫌いなあの人」は、自分の「鏡」である

「苦手な人」はあなたが自分に禁じていることを見せてくれる

あるクライアントさんからの相談で「直前にコロコロと予定を変えるお客様がいて、イライラしてしまう」というものがありました。

私は、その方にこうお尋ねしてみました。

「そういうところ、ご自身にもありませんか？」

そうすると「あっ」と言って、突然大笑い。

「本当だ！　私にもそういうところがあります！」

すると不思議なことに、イラ立ちも消え、その方はとてもスッキリされたらしく、笑顔で帰られました。

実は、苦手な相手がしていることって、あなた自身が自分に固く禁じていること。

そう、人って、自分が自分に禁じていることをしている人を見ると、大きな嫌悪感を感じるものなのです。

それは、あなたの中にもその要素があり、だからこそ、強く禁じ、封印しようとしているからです。

たとえば、感情的な人が嫌いだという人は、自分の中にある感情的な部分を嫌い、感情的にならないように自分を律し、我慢し、コントロールしている。人前で悪口を言う人を嫌悪している人は、本当は人の悪口を言いたくても、一切言わないようにしているというわけです。

自分が自分に固く禁じていることというのは、相手に対しても禁じています。というより、禁じたい。だって、自分がそうならないように律しているというのに、目の前で平気でそれをしている人がいたら、それって、心がざわつきますよね。

人は自分を映し出す鏡とはよく言ったものです。

お酒に飲まれている人や依存している人が苦手な私は、昔、お酒に飲まれて車に轢かれそうになった自分を嫌悪していて、大声で怒鳴る人が苦手な私は、かつて、あまりに腹が立って大声で怒って驚かれた自分を嫌悪していて、言いたいことが言えない人が苦手な私は、自分の意見を言ったらすぐさま否定されて、言いたいことが言えなくなった私を嫌悪していた。

振り返ってみると、**嫌だと思ったのは、ダメな自分……つまり、過去に見た自分**

の中にある弱さを、目の前の相手に投影していたからなのです。

そして、弱さを真っ向から否定して、強い人に憧れ、頑張ってきた自分に気づいたのです。

自分が苦手だと思う人、嫌いだと思う人のことを観察して、その人から、自分の持っている弱さを感じてみることは、ひとりで頑張るのをやめ、人に頼れる自分になることにつながります。

そして、過去の自分をゆるすことにもつながっていくのです。

エクササイズ

自分が苦手な人を観察して、何に嫌悪しているのかを見つめてみる

5

できることをあえて人に頼ってみる

心のとらわれ

何でも自分でやらなくてはならない

たくさんの「他力」が支えてくれていると知る

「人に頼るのが苦手な人」が握りしめていること

あなたは、人にお願いをしたり、頼みごとをしたり、まかせることができますか？

私は、人に頼ったり、迷惑をかけたり、助けてもらったりすることが、子どものころから大の苦手でした。

社会人になってからも、人に迷惑をかけないよう、できるかぎり、自分にできることは自分でやろうと頑張っていました。

人にまかせること、人を頼ること、やってもらうことに不安を感じる人は、誰かにお願いをすることで、人に迷惑をかけてしまうのではないかと心配しすぎていたりします。

だから「自分でできるもん」と頑なに自分でやろうとして、何でもできるようになってしまった結果、「自分のほうがうまくできるもん」と思って、まかせられないという悪循環も生まれます。

もし、まかせたとしても、自分のほうができると思っているかぎり、口を出したり、見張ったりしてしまいます。

最悪の場合、「そうじゃない」「何やってんの」と、相手から仕事を取り上げて自分ですべてを成し遂げようとしてしまう。

この根底にあるのは、人に頼るのは「不安」という思いです。

その「不安」があると人は、自分でどんどん抱え込み、不自由になり、つらくなっていきます。あなたがどれだけ優秀でも、いずれ、ケアレスミスも出てきますし、体調を壊してしまうことさえあります。

このことに気づいた私は、人に頼る練習、他力を受け取る練習を繰り返してきました。

最初にトライしたのが、ネイルサロンに通うこと。

私は幼少のころからピアニストになるのが夢でした。18歳ごろまで、ピアノを弾くために、爪を極限まで痛いほどに短く切り、その夢に向かってまっしぐらの日々を過ごしました。

ピアニストの夢をあきらめ、社会人になってからも、私と一緒に夢への道を歩んだ手の指は、とてもとても大切な、私の「命」ともいえる部分でした。

だからこそ、その指先にのせるネイルも、自分でやることをゆずれない自分がいました。感謝の気持ちを込め、丁寧に心を込めて塗りつづけるうちに、私のマニキュアの腕はどんどん上達して「どこのサロンでやったの?」と言われるまでになりました。4日に一度はどれほど忙しくても丁寧に塗り直していたほどです。

人に絶対まかせられないネイルだったからこそ、人にお願いすることは、私にとっては大きなハードルで、勇気がいることでした。

ネイルサロンに通うことは、指先を人にゆだねるということ。毎回自分の要望を伝え、気に入らなければちゃんと伝えてやり直してもらったり、わがままをかなえてくれるようお願いしました。これは、「自力至上主義を返上する」という、私が私に課したレッスンでした。

そんな風に人に頼れるようになると、「人に頼れなかった」と思っていた過去の自

分も、実は幾多もの力に助けられていたことに気づきます。

それまで私は、自分が意図して頼ったとき以外、「私は誰からも助けてもらわずに生きてきた」と思い込んでいました。でもそれは、「つもり」だっただけで、実はいろんな場面で、本当にたくさんの「他力」に守られ、助けられていたのです。

そこに気づけたときの安堵感といったら、それはもう、言葉にならないほどでした。

「あのとき仕事を手伝ってもらえたから、私は安心して休めたんだ」

といった感じで、私が勝手に受け取り損ねてきたたくさんのやさしさと愛を、感謝の気持ちとともに受け取り直す日々がはじまったのです。

もしも今あなたが、人に頼ったり助けてもらったりすることが苦手で、すべてを自分で抱え込んでいるのなら、いきなりそれをすべて手放すのではなく、まずは人を頼る練習から始めてみてください。

コツは、自分でできるけれど、人に頼んでもそんなに罪悪感を感じないことを人に頼ってみること。

たとえば、テーブルの上の、自分で取れる塩を、誰かに取ってもらったりすることから始めてもいいでしょう。普段は自分でやっているシャンプー・ブローを、あえて美容室でやってもらう日をつくるのもいいでしょう。

それは、人を頼って周囲のやさしさや愛を受け取り直していく練習なのです。

エクササイズ

自分でやろうと思えばできることを、あえて人にお願いしてみる

6

財布を出すのをやめてみる

心のとらわれ

男性におごってもらってはならない

愛され上手はおごられ上手である

おごられ上手は幸せ上手

「おごってもらう」

この言葉にあなたはどんな印象を抱きますか？

ほくほくした幸せな気持ちになれる人と、拒絶感や罪悪感を抱く人とがいるのではないでしょうか。

中には「男性がおごるのはあたりまえ！」という人、「男女平等なんだから、そんなのおかしい」という人もいるかもしれませんね。

男性が一緒に食事をした女性におごらない場合、その理由はほぼ「おごるだけの余裕がない」か「その女性におごりたいと思えなかった」の2つ。

若い男性の場合は、世代的におごるという習慣がない可能性もありますが、それでも、その女性と食事をして本当に楽しかったときは、おごりたくなるもの。なぜなら、男性は、目の前の女性に何かをしてあげることで、自己重要感を高めているからです。

じゃあ女性はというと、おごられることでどんどん女性としての魅力が高まっていき、幸福感が増していきます。**なぜなら、それは、女性として大切に扱われているこ**

とと、イコールだから。

思い返してみてください。おごられている女性はいつもおごられていて、おごられていない女性はいつもおごられていないってことありませんか？

それは、愛され上手、愛され下手にもつながっていたりします。

と、ここまで書いておいて恐縮なのですが、私はつい数年前まで、人におごってもらうことに相当恐縮していました。なぜなら、お金をいただくことは厳しい労働ないし、それに見合うものの対価だと思っていたし、何でもひとりでできると思っていたから。

お祭りの屋台で、たこ焼きをおごってもらうことさえ拒否していたくらいですから、男性とのディナーでおごってもらうなんて、ものすごくハードルが高かったわけです。

お相手が相当裕福で、おごることに何の問題もないのだということがハッキリしたり、おごることが好きなのだとわかったりするまでは、繰り返しお財布を出していました。

でも、女性は本来、大切に扱われることでどんどん幸せになっていける存在。

そして、男性は女性を大切に扱うことで、どんどん幸せになっていける存在。

それに気づいてから、私は罪悪感なくおごられる練習を始めました。

男性と一緒にご飯を食べに行ったら、お財布を出さない。


もちろん、これはハードルが高いという方も多いと思います。

「だからって、いきなり、食事で財布を出さないというのはちょっと」という人は、まず、小さなものを男性に買ってもらう練習をしてみてください。

たとえば、立ち寄ったコンビニで小さなお菓子を買ってもらうことでもいいでしょう。相手との時間を存分に楽しみ、感謝すること。男性はそんな女性に対して自然と「この女性におごってあげたい（＝大事にしてあげたい）」と思うものなのですから。

今日から、勇気を持って、財布を出さない練習をしてみてくださいね。

エクササイズ
男性と食事に行くとき、財布を出すのをやめてみる

7

WINWIN でなくても、まずは受け取る

心のとらわれ

理由もなく、受け取ってはならない

差し出すのではなく、受け取ることから始める

パートナーを「すごい人」にする白魔術

ある女性が、「夫が頼りなくて、将来が不安で悩んでいる」と相談に来ました。

新婚ほやほやのその方は、バリバリのキャリアウーマンでしたが、結婚と同時に仕事を辞めました。それまで頑張りすぎていたことへの反動もあったのだと思います。

夫のほうはというと、年収300万円の会社員で、貯金は80万円。妻は、仕事を辞める前は年収800万円で、500万円の貯金がありました。

「『新婚旅行に行こう』って夫が言うんです。貯金が100万円もないのに『僕が何とかするから』って」

私はその方にこう尋ねてみました。

「では、1億円今手元にあったら、新婚旅行に行きますか？」

答えは即答でYESでした。

では、彼女の問題は何だと思いますか？

ひとつは「夫を信頼できないこと」が挙げられますが、もっと心の奥のほうにあるのは「自分の貯金を使うことを極度に嫌がっている」ということ。

「極度に嫌」というのは、つまり「怖れている」ということ。その原因は彼女と母親との関係にありました。

その前に話してくれたことによると、幼いころ、母親がお金に対してとてもシビアな考えを持っていて、「必要がないものは一切買ってもらえなかった」と言う彼女。どんなに欲しいものでも、実利がないものにはお金を使わない母親の姿に嫌悪感を抱き、「母のこと大嫌いなんです」と言っていました。

ですが、いざ、夫婦関係の問題を掘り下げていったとき、彼女が夫にしていたのは、かつての母親とまったく同じ言動でした。

「費用対効果を考えると、今、新婚旅行に行くなんて……」

そう話す彼女に、私は思わずこう質問しました。

「新婚旅行という素敵なことに、費用対効果という、とてもビジネスライクな言葉を使っていることに気づいていますか？」

そしてもうひとつ。

「お母さんのことを、嫌いだと言っていましたが、あなたは、お母さんと同じことを、旦那さんにしていませんか?」

そうすると、彼女はハッとした表情をして、「私、お母さんと同じことをしていたんですね……」と言って、泣き出してしまいました。

ひとしきり泣いて、落ち着いたころ、私は彼女にこう伝えました。

「旦那さんを『すごい男』にするのは、妻のあなたです」


これは、私が敬愛する本田晃一さんに教えてもらった話なのですが、人は、白魔術も黒魔術も使えるのだということ。

どういうことかというと、夫やパートナーに向かって「あなたは素晴らしい人だ。私を幸せにできるのはあなたしかいない」と日々伝え、信じ、夫の素晴らしい面を見て感謝していれば、夫やパートナーはどんどん出世して、お金もどんどん入ってくるようになります。

だから、「僕が何とかするから、新婚旅行に行こう」と夫が言ってくれるのであれば、素直に受け取る。それ以外に選択肢はないと思ってください。実際かかった金額は関係がありません。もしも行きたいところがあるなら素直に伝えてみて。

「あなたって、なんて素敵な人なのかしら。私を幸せにできるのはあなたしかいない」

そう言って、相手が注いでくれるものを全力で受け取るだけ。

全力で受け取れる女と、全力で与える男の組み合わせは最強です。互いの自己重要感を高め、幸福感を高めていきます。現実はそれに寄り添うように満たされていきます。

さきほどの相談者の彼女。納得した後の行動は早く、さっそく家に帰って夫にこう伝えたのだそうです。

「いつも、私を大事にしてくれてありがとう。新婚旅行楽しみにしてるね」

夫がとても嬉しそうだったのは言うまでもありません。

これが、女性が男性に使う白魔術の効果です。一方、常に夫の悪い面に着目して、愚痴ばっかり言っている妻は、夫に黒魔術をかけています。

この黒魔術の源泉はどこにあるのかというと、過去の経験からくる「怖れ」です。

私も、以前の結婚ではたくさん黒魔術を使い、夫から「僕が〜するから」と私のために動こうとしてくれていることを「いいよいいよ、無理しないで」と断りつづけたこともありました。そうやって夫が何かをしようとしても、「それができない人」という前提で向き合ってしまったのです。

あのとき白魔術が使えていたら、私の今は、まるで違っていたかもしれません。でも、だからこそ、その大切さが身にしみてよくわかるのです。

だから、新しいパートナーができたときは、全力で受け取ると決めています。

今パートナーがいる人は、今日から黒魔術を使うのをやめて、白魔術を使ってみてください。今パートナーがいない人は、白魔術を使う練習をしておいてくださいね。

エクササイズ

他のことは置いておき、まず「ありがとう」と受け取る

8

理由もなく親にお金を無心してみる

心のとらわれ

お金は汗と涙の結晶である

「受け取り拒否」しているのは自分と知る

お金とは汗と涙の結晶？

さて、質問です。

あなたは、突然目の前に、理由もなく100万円が差し出され、「あげるよ」と言われたら、どうしますか？

「わー、ありがとう！」

と言って、受け取れるという人はきっと、すでにたくさんのお金が入ってきていて、お金には困っていない人だと思います。

でも、

「えええええええ、いや、いいです、いいです！　いりません！」

って全力で拒否した人、

「何か裏があるんでしょう？」

と疑った人は、これがあなたのお金に対する価値観なのだと気づいてください。

その後ろに隠れているものは何でしょうか？

「私には何もせずに大金をもらえる価値などない」

でしょうか？　それとも「お金は苦労しないと入ってこない」でしょうか？

そう、そこには「お金とはこういうものだ」という、あなたの考えが映し出されています。

お金は苦労しないと手に入らない、と思っている人は、実際にお金を稼ぐときに苦労が必須になります。

それは勘弁してほしい、という人へのとっておきのエクササイズは、親や家族に何の前触れもなく「3万円ちょうだい♡」と言ってみることです。

私は、実際に兄にやってみました。

これまで断固として人を頼らなかった私が、突然そんなことを言い出したものだから、何かとんでもない事件に巻き込まれたのではないかと心配した兄からのメールや電話が鳴り続け、大変なことになりました。

結局、種明かしせざるをえなくなり、「なんだ、深刻じゃなさそうだから、あげない」と言われてしまったのですが、そのとき、改めて自分のお金に対する向き合い方について考え直すことができたのです。

18歳のとき、母の過干渉から逃れたいと思った私は、「経済的に自立するので干渉しないで」と宣言して、親と同居しつつも、アルバイトを掛け持ちして学費を夢中で稼ぎました。以来私にとっては、「働くこと=お金と自由を手に入れること」だったのです。

家庭教師、スーパーのレジ、喫茶店、ミスタードーナツ、書店の棚卸し、翻訳、校正、講師業、商標登録事務、広告代理店事務、システムエンジニア、テスト採点……本当に何でもやりました。時給が高くても低くても関係なし。過労で倒れるほど働きました。

そんな経験をした私は、必死になってお金を稼ぐ自分や、そのお金を誰かのために使う自分は容易に想像ができるのに、誰かが私のためにお金を使ってくれることだけは、ノーサンキューなのでした。

お金をもらうことは、束縛されること。
お金をもらうことは、自由を失うこと。
お金をもらうことは、管理されること。

それが私がお金に対して持っていたイメージだったからです。

お金に対して感じていることは、そのまま、自分が自分に課している制限でもあります。

ところが
「何もしていないのにお金を受け取ってもよい」
「お金をもらっても自由な自分でいてもよい」
と自分に許可を出すことができれば、馬車馬のように働かずとも、お金は自然と舞い込んでくるようになります。

受け取るのを拒否しているのは自分自身。

まずはそれに気づくことが大切です。

エクササイズ

家族に、何の前触れもなく「3万円ちょうだい♡」と言ってみる

9

家計簿をつけない

心のとらわれ

お金を無計画に使ってはならない

小さい額でも、「お金はある」という前提で生きる

家計簿をつければつけるほどお金が減る⁉

「お金」の価値観に一番色濃く影響を与えているのは、親がお金とどう向き合ってきたかということ。また、お金に対して、何を言われていたかということです。

私の場合は、小学生になったころから、おこづかい帳を母から渡され、おこづかい帳の残高とお財布の中身をぴったり合わせなくてはなりませんでした。

合わなければ、なぜ合わないのかを、きちんと説明しなくてはならなくなるので、それが苦痛で、いつもおこづかい帳の残高とお財布の中にあるお金の中身を覚えておくようになりました。

そのおかげもあって、予算内で計画を立ててお金を使い、計画的に貯金をするのが得意になりました。もちろん、大人になってからもその価値観を持ちつづけていたのですが、やがて、誰に教わったわけでもない、ある法則に気づきました。

それは、**「家計簿をつけるとお金が減る」「寄付をするとお金が入ってくる」**ということでした。

まず、なぜ家計簿をつけるとお金が減るのか。それは**「きっちり計算をしなければ、**

生活していけない」「考えてお金を使わなくては食べていけない」という意識がそこに入りやすいから。

もちろん、「お金って楽しい！　たくさん入ってくる！」という感覚で家計簿をつけている人はそのかぎりではありません。でも、常にお金への「不安」を隣に置いているうちは、お金は増えないのだということを私は実感しました。

一方で、寄付をするとなぜお金が入ってくるのかというと、「寄付をして、世の中のために自由にお金が使えることって、本当に豊かだ」という観念と心のゆとりが自分の中に生まれるからです。

それに気づいてから私は「きちんと計画経済」をやめることにしたのです。

収入よりも支出が上回った月があっても、気にしない。無難で安いものを買うのをやめて、本当に好きなものや心がウキウキするものだけを買う。

そんなことをしてみたら、お金が減ってしまって、どんどん不安に……はならず、まるで逆の現象が起きはじめました。

まず、心の中に静かで温かい満足感が広がりました。そして、気持ちよく、楽しくお金を払ったら、新しい仕事が決まったり、ひょんなところから臨時収入が入ってきたりするようになりました。

お金は本来、何かをしてもらったり、いただいたりした際にお渡しする、愛と感謝が形になったもの。

それを、貯め込んで、貯め込んで、チビチビと使うということは、つまり、愛と感謝の出し惜しみをしているということ。

逆に「お金がない」「お金がない」と思うときは、この世にあふれている愛と感謝に気づけていないということ。そして、自分に向けられてきた愛と感謝を受け取り損ねているということなのです。

お金が欲しい、豊かでありたいと願うなら、先に世の中に愛と感謝の結晶であるお金を自ら差し出し、それができる豊かさに気づくことが大切なのです。

エクササイズ

心からやりたいと思うことに、楽しく、無計画にお金を使う

10

「私はめちゃくちゃいい女」という前提で１日を過ごす

心のとらわれ

うぬぼれてはならない

人は自分が思う以上に魅力的と知る

自分のよさは自分からはなかなか見えない

かつての私は、自分らしさや自分のよさにまったく気づいていませんでした。

というのも、「あなたはバカな子ね」「どうしてあなたはいつもそうなの」という母の言葉や「ミコちゃんて空気読めないよね」という人の言葉にしょっちゅうとらわれていて、「あんなことを言われないようにしなくちゃ」と、一生懸命に人から見た自分を改善しようとストイックになっていたのです。

人目は親目、といいますが、私も誰よりも母に認めてもらいたかったし、ほめられたかった。

でも、母が理想とする娘像はあまりにも高く、それにはとても及びませんでした。

当然、自分のことを評価しようと思っても、私の手にあるのは「親がいいと言うモノサシ」と「世間でいいとされているモノサシ」。

そのモノサシで測った自分は、とってもダメで、とってもダサくて、素敵じゃなくて、人に顔向けできないような人間に思えました。

自分に自信が持てないときほど、人は、常識やルールに頼りたがるもの。気持ちが負のループに入ったのをきっかけに、自分自身の感覚がわからなくなり、母から見てOKな自分、世間から見てOKな自分を作り上げていったのかもしれません。

30人から集めた「私のいいところ」

そこで私は、**30人の人から「私の素晴らしいところを3つずつ」教えてもらいました。**

そこには、予想をはるかに上回る素敵な自分の姿があったのです。

○思いやりがある、気配りができる
○美人
○柔軟だけどきちんと自分を主張できる
○愛情深く慈愛にあふれている

○話し方や態度に安心感があり、何でも話したくなる
○決断力、行動力がある
○何事にも誰にも真摯な姿勢で対応できる
○おいしい、きれい、楽しい、ユーモアなど、心が安らぐことの大切さを知っている
○頭がいい
○笑っているだけで人を嬉しくさせる、笑顔が素敵
○包容力がある

「あれ？　私が思っていた私とぜんぜん違う！」

誰よりも、私がとっくにあきらめていた私の素晴らしさを、周りの人が思い出させてくれました。

そこには「母が良しとしていた素晴らしさ」でも「世間から見た素晴らしさ」でもなく、私らしい私らしさ、素晴らしさがたくさん。

これをきっかけに、私のモノサシは私仕様に変わりはじめました。大げさかもしれ

ませんが、命を吹き込まれたかのように、心が元気になり、輝きはじめた気がします。

ここまで読んでみて、心当たりのあるあなた。

まずは、自分が思う自分像を書き出せるだけ書き出してみてください。

そして、30人は難しくても、まず10人の人に、自分の素晴らしいところを3つずつ教えてもらって、比較してみましょう。

10人分のモノサシで測ったあなたを見つめてみてください。

たいていの人はかつての私と同じように、自分が思っていた自分ではない未知の自分に遭遇するはずです。

今まで見えていなかった自分のよいところに気づいたら、改めて、自分に対してこう伝えてみてください。

「あなたは自分が思っているよりも素晴らしい。今まで、悪いところだけを見て、責めてごめんね」

今ではすっかり、自分の素晴らしさを見つけるのが得意になった私は、人の素晴らしさを見つけることが大好きになりました。

この本を読んでいるあなたにも、湧き出るほどの素晴らしさがあります。誰かに聞いてみたり、自分で書き出したりして、ただ、思い出すだけでいい。

だって、あなたは最初からずっと素晴らしいのだから。

エクササイズ

10人の人に、自分の素晴らしいところを3つずつ聞く

11

コンプレックスをあえて隠さずにいる

心のとらわれ

コンプレックスは人に見せてはならない

受け取り方で、最高の魅力に変わる

コンプレックスには逆側から光を当てよう

あなたにはコンプレックスがありますか？

あるとしたら、ぜひ、今、知ってほしいことがあります。それは、コンプレックスが、実は、あなたの人生を豊かにしてくれるギフトだということ。

私が持っていたコンプレックスのひとつに、手の親指が、人と比べて下のほうについているというのがありました。人と違うことを毛嫌いしていた私にとって、それはとても恥ずかしいことでもありました。

でも、ピアノを習いはじめたとき、指が長いおかげで、1オクターブ以上離れた鍵盤でも同時に弾けるのが嬉しかった。コンプレックスは、嫌な気分を生み出すものでありながら、私の個性であり、才能でもあったわけです。

「親指が変で、人と違う私」

「指が長いおかげでピアノが上手な私」

このどちらを意識しつづけるかは、自分が決めています。そして、そのどちらを選ぶのか、どの前提で生きるのかは、自分で決めていいのです。それも、今すぐに。そして、決めるのは無料だし、自由。

人が心に抱くコンプレックスはさまざまですが、「背が高いからカッコイイ」「背が高くて恥ずかしい」というように、常に真逆の特性があります。

それによっていじめられたり、からかわれるとコンプレックスに、ほめられたのであれば魅力として捉えることが多いのではないでしょうか。

自分の嫌いなところこそ、まったく真逆の魅力として捉えてみてください。

そうすると、不思議なことに、**コンプレックスだと思っていたことが、魅力なのだという証拠が、集まってきます。**

私は、中学生のころ、ピアノの先生にある厳しい特訓をさせられていました。それは、手の甲に反対の手を乗せて、繰り返し練習曲を弾くというもの。当時はなぜそうさせられるのかわからず、矯正ギプスのように厳しい訓練だとしか思えませんでした。

でも最近、ピアノの演奏をする機会があり、その練習をしていて、ふと、気づいたのです。あの練習方法は、親指が下のほうについている私の手でも、安定した演奏ができるように先生が考えてくれた練習方法だったのだと。

実際に、あの練習を行うと、手がぐらつかず、安定した同じ強さの音になります。私の親指の特性を知っていた先生が、私の能力を引き出すために、私のために考えてくれた練習方法だったとは……。

この指がコンプレックスだと思っていたときは、まったく、そのことに気づくことなく、厳しさと不自由さを感じるだけでした。

コンプレックスは、それを感じるたびに嫌な気分になり、見たくないものだから向き合うことを避けがちです。

でも、コンプレックスをギフトだと捉えることは、自分の個性や、そこを見て大事にしてくれていた人たちのことを思い出し、感謝することにもつながります。

コンプレックスに隠れている思わぬギフトをぜひ探して、受け取り直してくださいね。

エクササイズ

自分の中のコンプレックスから、魅力とギフトを見つける

平凡な自分こそ、特等席に座らせる

心のとらわれ

個性のない平凡な人間であってはならない

そのままの私で、すでに特別と知る

自分はいつだって唯一無二の存在

「特別な人でありなさい」「皆と同じようにしなさい」

あなたはどっちの言葉を言われながら育ちましたか？

私は物心ついたときからずっと、「人と同じことをしてはいけません」「あなたは特別なのだから」と言われ続けてきました。「小さいうちの集団生活では個性が育たない」という母の思いから、幼稚園に行っていません。

小学校になればランドセルや靴は母が選んだちょっと目立つものを身につけて登校。幼稚園に行ってなかったから、女子のクラスメイトとは仲良くなれず、あまりにも周囲から浮きすぎて、いじめに遭いました。

中学生になったときには、制服を買ってもらえず、ひとりだけ制服ではない金ボタンのえりつきのスーツを着せられていました。そのころから赤面症が悪化して、人の目を気にするのがピークになりました。

親の期待とは裏腹に、「特別」の真逆である「平凡」や「普通」への憧れが強くなりました。

自分の人生の中で、特別であることにバツをつけ、特別であることに意義を見いだそうとする人にもバツをつけて、ひたすら「個」から「全体」の中に沈むように、みんなの中で目立たないように必死でした。

それは「目立つと叩かれるから」という理由だけではなく、私に「特別」を押し付けた母への反発心もあったと思います。


「私に個性らしい個性はないから」

「私はすごく普通なの」

と、しょっちゅう口にしていました。

今、そのときの自分に会ったら「よく言うわ！」とツッコミを入れるでしょうが、当時はそれが何よりも大切なことだったのです。

でも、これまでやってきたこととは正反対のことをやるというエクササイズを続けた結果、自分の心の家に、いつも自分がいてくれるようになり、今を生きられる自由を実感するにしたがって、私の気持ちに少しずつ変化があらわれました。

「私が私であること」

それが何よりも「特別」なことであり、私は唯一無二の存在なのだということが、少しずつ心に浸透していったのです。

すると、自分の個性がキラキラと輝く宝物に見えるようになってきて、誰かの個性もまた、キラキラと輝いて見えるようになりました。

「私は目立ってはいけない存在だ」という思い込みもなくなり、人前で話すこと、本を出すこと、それらにもようやく許可を出せるようになったのです。

もしあなたが「特別であらねば」と、必死に頑張ってきたのだとしたら、人と違うことをして、人より優秀であろうとせずとも、すでに特別な自分に、ただ気づいてください。

もしあなたが「私には個性はない」と思っているのだとしたら、平凡だと感じている自分自身がすでに特別な存在だったと気づいて。

そしてぜひ自分にこう伝えてみてください。

「あなたはすでに特別。特別であることを怖がらないで」

特別であることを実感するために有効なのは、これまでの人生の中で「前例がないこと」にチャレンジしてみること。

たとえば、私のクライアントの女性で、こんな方がいました。

彼女はフラワーアーティストで、あるお客様に、レッスンの際にデモで使った作品を渡したら、以来毎回欲しいと言われて悩んでいたのです。

「あの方が来ると『あげなくてはならない』と思ってしまって苦痛なんです」と言うので、私は「まずそれを1回やめてみてください」と伝えました。

彼女は勇気を出して「今回はお渡しできないんです。ごめんなさい」と伝えたといいます。すると、相手からは「今日は荷物が多いから、助かります」という言葉が返ってきたのです。

そう、つまり、「それがあたりまえになっているのだからそうしなくては」と思っていたのは彼女のほうだけ。相手は、ただ彼女の好意を受け取っていただけだったのです。


それに気づいてから彼女は変わりました。

「誰かに何かをあげたいときには、あげればいいし、あげたくないときは、理由なく、あげなくてもいい」

自分で、自分の行動を選択できるようになったのです。

この恩恵は、この一件だけには留まらず、他の仕事についても「してもいいし、しなくてもいい」、家族に対しても「やってもいいし、やらなくてもいい」というように、自由に選択できるようになっていきました。

すると、周囲からの反応も変わりました。

彼女に対してボランティア感覚で気軽にお花を頼む人は減りました。

それまで、いろいろな人のために動いて、消耗されている気分でいっぱいだった彼女ですが、どんな仕事にも、きちんと金額を提示し、やれることとやれないことを伝えられるようになったことで、周囲からも大切に扱われるようになりました。

そして、これまで一度も耳にしたことのなかった（実際は耳にしようとしなかった）「あなたは特別な人だから」という声が、彼女の元に届くようになったのです。

自分を特別扱いし、きちんと自分に特等席を用意できる人は、周囲からも特別扱いされ、特等席を用意されます。

人は、自分自身をどう扱っているかによって、周囲に、自分の扱い方を「お知らせ」しているのです。

エクササイズ

自分の人生の中で、前例のないことを、勇気を出してやってみる

13

苦手な自撮りをせっせとやる

心のとらわれ

ナルシストは恥ずかしい

どんどん自分を好きになって、表に出せば自由になれる

ナルシストがうとましく思えるホントの理由

先日、私がパソコンとにらめっこしていたときのこと。

後ろから、某男子がその画面を覗きながらこう言いました。

「いいなあ、オレも、ミコちゃんみたいに自分のこと好きになってみたいなあ」

およよ、と思いながら振り返ったのですが、そのとき私は、旅先でカメラマンさんに撮影していただいた写真をチェックしていて、どの写真をオーダーしようか検討している最中でした。

そう、自分の写真を眺めながら、ニコニコ、ウキウキしていたのです。

「そっか、自分の写真を見て、楽しそうにしていたら自分のことが大好きだって思うよね」

今となっては、そうやって、人から見られていても自分の写真を見て、喜べるようになりましたが、つい3年ほど前までは、そんな姿は絶対見られたくありませんでした。それどころか、写真を撮られるのすら大嫌いでした。

さらに、自撮り写真や撮影してもらった写真をSNSに投稿している人を見るたびに「この人ナルシストだな」と、冷ややかな視線を向けていました。

なぜなら、特に当時私は、ものすごく人の目を気にしていたし、自分の写真なんてよほど必要がなければ見たくなかったし、自分の顔も、自分のことも嫌いだったから。

だから、自分が大好きな人がまぶしくて、避けていたのです。

その背景には、またも母親からの言葉の数々があるのですが、3年前にこう覚悟を決めました。

「自分のすべてを好きになる！」

それは、「できればそうなりたい」という願望ではありません。「そうなる」という決意です。

私は意を決して、ＳＮＳに自分の写真や自撮り画像をアップしはじめたのです。

自分のすべてを好きになることが幸せの大前提

いざ掲載してみると、たくさんの「いいね！」や「きれいだね」「かっこいい」というコメントがつくようになり、それが、自分のことを大好きになるスピードを速めてくれました。

そして、世のナルシストの方々に、ナルシストであることの素晴らしさをたくさん教えてもらいながら、自分を好きになっていきました。

すると、「自分も悪くないかも」という気持ちが湧いてきて、それはいつの間にか、自己肯定感をどんどん高めていきました。すると不思議なことに、周りの人から大切に扱ってもらえるようになりました。席をゆずっていただいたり、素敵なお花をいただいたり。

そうなると、自分をますます大切に扱うようになり、周囲からは粗末に扱われることがなくなっていく。そんな素敵な循環が起きはじめました。

それは、外見から性格にいたるまで、「自分のすべてを好きになることは、幸せに生きる大前提なのだ」と実感した大きな変化でした。

もしも、今あなたが、自分のことを好きになれず、自分の嫌なところにばかり目がいってしまうのだとしたら。そして、自分を大好きで幸せそうな人を苦手だと思っているとしたら、ぜひ、次のことをしてみてください。

○自分のことを大好きな人と会ったり話したりすること
○自分のことを好きであることが幸せなことだという価値観をインストールすること
○ナルシストな人にOKを出すこと
○自撮りをして、SNSに載せること

自分がちょっと嫌だなと思っている相手というのは、自分がまぶしいと思うことをしている相手です。

だからこそ、観念してまねをしてみる。

最初は違和感があっても、やってみると、意外とそれが好きだったり、思いがけずほめられたり、幸せを感じる生き方につながったりするのです。

エクササイズ

ブログやフェイスブックに自撮りや自分の写真を載せてみる

14

躊躇せず「嫌だ！」と言う

心のとらわれ

我慢できない弱い人間であってはならない

「耐えていれば乗り切れる」は、まぼろし

私は私を助けるために声をあげていい

いつも自分に自信がなくて、いつも人の目が気になって、評価が気になって、なんとなく人と関わるのが不安で、誰かを優先してしまう……。

職場ではなぜか、女性たちのいじわるの対象になってしまったり、パワハラな上司にばかり当たったり、虐げられる対象になりやすい。

もしも、あなたにそんな傾向があって不安を抱えているのだとしたら、幼少期のいじめや虐げられた体験に根っこがあるかもしれません。

友人であれ、親であれ、誰かに虐げられたとき「誰も助けてくれない」と世界をあきらめてしまうと、その後の人生に大きく影響を及ぼすことがあるのです。

私自身がそうでした。

小学3年生のある日、突然始まったいじめ。

いつも休み時間におしゃべりをする女子のそばに行くと、みんなが一斉に黙ってしまい、いくら話しかけても無視され、まるで透明人間のように扱われました。

その程度なら、きっと小学生の多くが、いじめる側、いじめられる側として体験することかもしれませんが、そこからがひどかった。

机の中に置いておいた教科書の全ページにいたずら書きがしてあり、ロッカーの中には泥が入っていて、下駄箱の上履きの片方にはたくさんの画鋲《がびょう》が、もう片方にはマーガリンが入れられていました。

どんどんいじめはエスカレートしていきました。すでに家庭での我慢癖がついていた私は「やめて」と言えず、誰かに「助けて」と言うこともできませんでした。

忘れ物をしても見せてもらえず、いじめに気づいていた先生も見て見ぬ振り。毎日希望を抱いては落胆し、落胆しても、厳しい親には言えず、学校へ行かないという選択肢はなく、毎日、ただ、爪を噛んで我慢していました。

私は「今ひどい目に遭っている」という事実そのものを無視しつづけたのです。自分を助けることを放棄し、感情に蓋をして、気づくと2年の月日が経っていました。

でもある日、母が持たせてくれた大事なカバンを、面白半分に踏んづけた男子生徒に堪忍袋の緒《お》が切れたのでした。

「いいかげんにしなさいよ！　人の気も知らないで！」

と言って、その生徒を引きずって職員室へ連れて行き、担任の先生の前にその男子生徒を突き出して「自分が何やったか言いなさいよ！」と叫んだのです。

するとどうなったと思いますか？

「あいつ、怒らせたら怖いぞ」という話になって、その日を境にあらゆる嫌がらせがピタッと止まったのでした。そのときはじめて
「ああ、私は私を助けるために声をあげていいんだ」

と思ったのです。

私が私を守るために、本気の言葉と態度で相手に「嫌だ」「やめて」と言えるまで、2年の月日がかかりました。

幼いころの虐げられた経験というのは強烈な爪痕を残します。

そのとき世界をあきらめた感覚は、大人になっても時折私を苦しめ、「嫌だ」「やめて」と言えない状況を引き起こしました。

人生を本気で変えたいと思うようになってからは、当時の自分に伝えたかった言葉

を、何度も何度も、自分自身に伝えました。

◯あなたは何も悪くない
◯あなたは虐げられる子ではない
◯あなたは今すぐ助けを求めていい
◯あなたは弱さを見せていい
◯あなたはツラさから逃げていい
◯あなたは自分のために立ち上がっていい
◯あなたは嫌なことを嫌と言っていい
◯あなたは嫌なことを拒絶していい

今、虐げられていて苦しい思いをしているのなら、何も言わずに我慢しつづける自分を助け、「嫌だ」と言う許可を出してみてください。

大人になったあなたが直面している、「嫌だ」「やめて」と言えない数々の問題。そこに直面したとき、あなたは幼いころの感覚に戻ってしまっています。

だから、大人のあなたが**「言いたいことを言っても大丈夫。拒否しても大丈夫。今の私は大人で、必ずあなたを守るから」**と伝え、幼いころの感覚をまとったあなたを全面的にバックアップしてあげてほしいのです。

そして、どんなささいなことでもかまいません。「それは嫌なの」「もうやめて」とはじめて言えたときは、両腕で自分を抱きしめてあげてください。あなたのために、ありったけの勇気を出したあなたを、誇りに思ってあげてくださいね。

エクササイズ

自分が嫌だと思うことのひとつに「嫌」と言う

15

「ネガティブ」の中にある「ギフト」を探す

心のとらわれ

成果を出さないと認めてもらえない

世界はギフトであふれている

すべての人や出来事がくれる「ギフト」に気づく

一生懸命頑張ってバリバリ仕事をこなしている女性に多い、とある傾向があります。

それは、自分や相手を信頼できず、評価や成果に固執してしまうということ。

たとえば、あるクライアントさんの話です。美人で、キャリアのある営業部長の彼女。でも、なぜか達成感がなく、上司から「感謝の心が足りないのでは？」と指摘されて、私のところへ来られたのです。

お話を聞いている最中、彼女の携帯が鳴りました。

それは、彼女にとって大口のクライアントで、大企業の社長さんでした。その社長さんが彼女に伝えたのは「経営が芳しくないので、今の取引の規模を縮小したい」というものでした。ざっくりとですがその話を聞いた私は彼女にこう聞いてみました。

「今、どう思いました？」

すると彼女はこう言いました。

「契約がなくならなくて、良かったなって……」

私は改めて、彼女にこう伝えました。

「企業の社長さんが、自分の会社の経営状況を率直に話してくれて、しかも、取引を続ける方向で話してくださった。それって、すごく信頼されていますよね」

するど、彼女の表情が和らぎ、目に輝きが戻りました。

「本当にそうですね。感謝しかありませんね」

それは心から発せられた声でした。

起きている物事を、メリット、デメリットで捉えてしまうとき、相手が自分に寄せてくれている信頼に気づくことができません。

そして、相手の信頼をスルーしてしまうときというのは、実は、自分自身を信頼していないときなのです。自分が信頼に価する人間であると思えなければ、そこにある信頼を受け取ることができません。損得で物事を考えるがゆえに、結果や数字にこだわって自分だけが損をしているような気持ちになりやすいのです。

私は彼女に宿題を出しました。

それは、1週間、すべての出来事や人に対して「この人（この出来事）は、自分にどんなギフトを与えてくれているのだろう」と考えながら過ごしてみるというもの。

その提案を聞いただけで、彼女は涙をポロポロと流してこう言いました。

「感謝できる要素を探しながら、毎日を過ごすなんて、そんな素敵なこと、考えたこともありませんでした」

きっと、彼女は、評価と成果を求めて頑張りつづけてきたのでしょう。自分に向けられた厳しい評価の視線を意識しすぎて、周囲にあふれるギフトに気づくことができなかったのだと思います。その後彼女は営業成績で社内の最優秀賞を取ったそうです。

世の中を見るとき**「この人（この出来事）は、自分にどんなギフトを与えてくれているのだろう」**と考えながら目をこらすと、そこには、人が寄せてくれている信頼や恵みの数々が見え、感謝が湧いてくるのです。

エクササイズ

1週間、周囲のすべてに感謝できる要素を探す

16

忘れてもいいと開き直る

心のとらわれ

大事なことを
忘れてはならない

いろいろなことを
記憶しようとするのをやめる

「ゆるせないこと」の向こうに「怖れ」が見える

「あの人って、言ったことをすぐに忘れてしまうから、本当に困る」

「あの人って、何でも覚えているから本当、嫌になる」

こんな愚痴を、聞いたことありませんか？

これが、男女のパートナーシップだと、それがケンカのもとになりがちですよね。たとえば「彼が私の誕生日を忘れてしまっていた！　私のこと、大切にしてくれてないんだわ」とか「彼女が、自分が記念日を忘れていたことをいつまでも口にするから息苦しい」とか。

仕事でもそうです。何度も伝えているのに、上司が「で、あれ、なんだった？」なんて言おうものなら、思わず「何度も言ってるじゃないですか！」と言いたくもなるでしょう。

もしもあなたが、自分とは真逆の昔のことを驚くほど覚えている人や、驚くほどすぐに忘れる人と一緒に過ごしているのだとしたら、その人はあなたの「師匠」です。

あるいは、あなたは昔のことをきちんと覚えているのに、パートナーはそれをすぐに忘れてしまって、それがゆるせないのであれば、それは、あなたが「すぐに忘れる」ということをひどく恐れているということ。その場合、**自分とは真逆のことを目の前でやってくれる相手は、あなたに、変化のきっかけを与えてくれています。**

ちなみに、私は昔から記憶力のよい子でした。

昔からといっても、生まれつきということではありません。両親が言ったことをすべて覚えていないと「この前言ったのに、忘れたの？」とひどく怒られるのがお決まりだったので、いつ何を言われたのか、いつ何をしたのか「ずっと覚えておく」と決めたのです。そうして、毎日訓練した結果、気づいたらものすごい記憶力が身についていました。

私にとって、物事を覚えていないことは怖いことだったのです。

反対に、すぐに忘れてしまう人は「覚えているのは良くないことだ」と思った経験があるはず。

本来、覚えていることも、忘れていることも、どちらが悪いということではありません。得意な人が補えばいい、というだけの話なのですが、愛情が絡むと、「忘れている＝大事にしてくれていない」という思い込みが加わり、思考の泥沼にはまってしまうのです。時には、相手を変えるためにもがきたくなります。

自分と真逆のことを平気でやる人というのは、極端な自分の考えを、変えるために現れた師匠。そういう気持ちで、相手のことを見てみてください。

すぐに忘れる人は、どうやったら覚えていられるのかを考え、試しに1週間のことをメモに取るなどして、記憶してみる。

何でも覚えている人は、あえて、「私は覚えているのに」「何で忘れてしまうの」と、相手に伝えることなく「忘れる人もいるんだなあ」とほんわり捉えてみる。

そうすると、自分の中から「ねばならない」が少しずつ姿を消していきます。

覚えている人はダメ、覚えていない人はダメ、というジャッジをやめ、「覚えていてもいいし、覚えていなくてもいい」と思えるようになったら、またひとつ、自由が手に入っているはずです。

エクササイズ

自分とは真逆の人を見たら「それでも大丈夫」と唱える

17

どんな母であっても
ゆるしてみる

心のとらわれ

ひどいことをした母を
ゆるしてはいけない

愛された事実も思い出す

人の記憶は嘘をつく

突然ですが、あなたにはこの言葉が、すんなり言えますか？

「お母さんみたいになってもいい」

私が人生を変えようと決意するきっかけとなった、どうしても言えなかった言葉です。言おうとするたびに何度も嗚咽してしまい、言葉になりませんでした。

私の母は私が41歳のときに他界しましたが、生前は、とても厳しくて、強烈な個性と愛情を持つ人でした。

私が中学生のころ、男の子と文通を始めると、相手から届いた手紙を母が勝手に開封し、誤字脱字を見つけては赤ペンで×をつけたり、直したり。

女性性をとにかく嫌悪していて何かにつけて「だから女って嫌なのよ」が口癖で、私は生まれて間もないころから小学生になるまで、ショートカットにされて、ズボンばかりはかされていました。

やがて私が思春期になり、初恋をし、女性らしい体つきになるにつれて、母は私の変化に対して嫌悪感を抱き、それを言葉にするようになりました。

きわめつきはこのセリフ。

「あなたは私の作品なの。すべて私の言うとおりにしていれば間違いないから」

私は、表向きは母に反抗できず、でも心の奥底では「私を支配しようとしないで」「私の自由を奪わないで」といつも全力で叫んでいました。

「お母さんみたいになってもいい」と言えなかった私は、ずっと母をゆるせずにいた私。自由に焦がれ、もがいていた私。

結局、18歳での自立宣言から、母が病に臥すまで、長いこと反抗期を続けたのです。

私が「お母さんのようになってもいい」と言えなかったのは、母が、ありのままの私を否定し、支配し、私の自由を奪う存在だと思っていたから。

私は、厳しくて支配的な愛を受け取ることを、断固として拒否していたのです。


でも、人の記憶は嘘をつくってご存じですか？

嘘、というと大げさですが、まず、多くの記憶は、自分の心が大きく動いたことだけを切り取り、保存するしくみになっています。

人生を揺るがすような嫌な記憶ほど、何度も何度も思い出して反芻している中で、徐々に脚色され、色濃くなっていきます。さらに、あとから知ったことや、今の心理状況に応じて、解釈が加えられて、どんどん塗り替えられていくのです。

言うなれば、記憶は100％妄想。

自分の感情や、都合によってフィルターをかけ、取捨選択されたもの。

それに気づいて改めて事実を振り返っていくと「あれ？　そういう面ばかりでもなかったのかも」と思えることも多々あるのです。

私は、あの言葉を言えずに嗚咽して泣きじゃくったあと、改めて母の愛の記憶を掘り返し、時間をかけて、心に温もりを取り戻していきました。

たとえば、小学1年生のときにクラスの女の子が交通事故に遭い、「ミコちゃんに押された」と嘘をつかれたとき「この子は絶対にそんなことはしていません！　目を見ればわかります！」と警察や担任の先生に言い放ち、守ってくれたこと。

「ピアノを習いたい」と言ったら、習いに行かせてくれて、ピアニストになりたいと言ったら、音大を目指すサポートをしてくれたこと。「英会話を習いたい」と言ったら、習わせてくれたこと。英検を受けるための教室にも通わせてくれて、中学生の夏休みには、アメリカンスクールに行かせてもらったこと。いろんな帽子やマフラーを編んでもらったこと。

私が欲しかったやさしい愛は、そこかしこにあふれていたことに気づいたとき、母への感謝とゆるしの心が生まれ始めました。

母親にして欲しかったこと、してもらえなかったこと。

してもらえなかったことだけを覚えていた自分に気づいたら、母親がしてくれていたことにもフォーカスして、その両方を受け取ってみてくださいね。

その際に、母親を裁く必要はありません。自分の過去を後悔して、罪悪感を感じる必要もありません。何もジャッジせずに、ただただ、記憶の中の両面を振り返って感じるだけ。

すると、大切にされていたという感覚を思い出すはず。

母は母なりに、私を愛してくれていた。そのことに気づいてください。

ぜひ、自分とお母さんとの記憶を、めぐる旅をしてみてください。

「お母さんみたいになってもいい」

この魔法の言葉が言えたとき、あなたは自由を手にしているはずです。

エクササイズ
母への確執を持っている人は、記憶を紐解きめぐってみる

18

罪をおかした自分もゆるす

心のとらわれ

おかした罪は、一生背負いつづけなくてはならない

自分をゆるしてもいい

自分をゆるすことは、自分を愛すること

20歳のとき。夏のある暑い日のこと。私と兄は父から喫茶店に呼び出され、そこで父からレントゲン画像を見せられました。

「肺ガンのため、東大病院に入院することになった。もしものことがあったら、母さんを頼む」

にわかには信じられず「父は強い人だから大丈夫」と自分に言い聞かせながら、父が良くなることを願いました。

それは、大学3年生のときでした。父が研究していた地方自治について卒論を書こうと決めたのです。父はとても喜んでくれて、いろいろな本をすすめてくれて、アドバイスもくれました。私の中でこの論文が「私がこれを書き上げれば、父はきっと良くなる」という願掛けのような存在になっていました。

――どんなにつらくても、やるべきことをやる。

とはいえ、私が通っていた大学は、卒業論文提出が1日でも遅れたら留年確定という決まりがありました。すでに第一志望の会社から内定をいただいていた私は、「留年するわけにはいかない」と自分をふるいたたせて、論文を書いていました。

でも、いくつものアルバイトは続けていたので、締め切りが迫った秋以降は、父の入院している病院に行くことができませんでした。

ところが、卒論の締め切りの前日、突然、痰がノドにからんで容態急変した父は、そのまま亡くなってしまったのでした。

「本当にそんなことあるのかな？」

「これって現実なのかな？」

何度も何度もそう思いました。

あの日を境に病院に行かなかった自分を責めて責めて責めつづけた日々。

後悔は延々と押し寄せてきました。

当時私は、父の病状が、決して良くないことを知っていました。父は、小細胞ガンという当時は珍しいガンで、わかったときにはステージ4でした。ですが、一時期、放射線治療が効いて、ガンの影が消えたのです。だから、そんな奇跡がまた起きると信じたかった。

子どものころから、人が「絶対無理だよ」と言うようなことが、ときどき現実になるという経験をしていた私は、奇跡に賭けたかったのです。

もちろん、普通に考えると馬鹿げているかもしれませんですが、私にとってそれは、心の底から祈りたい奇跡だったのです。

だから、結局、「あんな願掛けしなければ良かった」と後悔しても、私は、奇跡への祈りを選ぶしかなかっただろうと、今では思うのです。

亡くなる日まで、「11日になれば卒論を出してミコがくるから　それまで生かしてください」と父が担当医に何度も言っていたことを後に聞かされ、私は言葉を失い泣き崩れました。

母からは「父親の見舞いもろくにしなかったおまえは、生きている資格がない」と言われ、それ以来、自分を責めつづけました。

そう、最近まで自分をちゃんとゆるすことができなかったのです。

でも、今ならわかるのです。

父も、私が卒論を出す日を待っていてくれたということが。

そして私の卒論が支えとなっていたことが。

「私の祈りは、父の祈りでもあったんだ」

自分の人生をやり直すと決め、自分の心にとことん向き合いはじめて3年。

最近になって、心の奥深くでそう思えたとき、私は、ようやく、自分をゆるすことができました。

父の愛を受け取り、深く深く感謝することができたのです。

そして、母がガンになってから亡くなるまでの最後の3か月間は、今度はしっかりと、ホスピスで付き添うことができたのです。不思議なことに、仕事への支障は出ず、3か月休んでもそれまで以上に収入が入ってきました。

「神さま。私はもう後悔したくありません。母のときにはどうか見送らせてください。お願いします」

いつからか毎日そう祈っていました。

そして結局、その祈りはかなったのです。

アルバイトを休むこともできずお金の不安を抱えていた父のときとは、何もかもが正反対となり、静かに母の手を握りながら、最期を見送ることができたのです。

今思えば、これは、神さまが用意してくれた、壮大な人生プログラムだった気がします。

父のときにできなくて悔やんだことを、母のときには全部できるように、すべてがお膳立てされていた気がするのです。

そのおかげで、私は、自分のことをゆるし、昔の心の傷を静かに癒せたのでした。

このことの意味もギフトも、母が亡くなってから8年も経ってようやく受けとめることができました。


あなたには、自分をゆるせないと思う過去がありますか?

変わりたいと思うとき人は、過去の自分を否定して、未来の自分を肯定する傾向がありますが、過去の自分のことも、否定せずに受け止めてください。


自分をゆるすことは自分を愛すること。

人をゆるすことも自分を愛すること。

ゆるせないと思っていることの中に、愛を見つけてください。そして、どんな自分のことも否定せずに、見つめてみてください。

すぐにゆるせなくてもいい。

でも、ゆるせないという思いを頑張って抱えてきた自分をねぎらい、受け止めることで、ゆるしてもよいのだと教えてくれるような現象が起きはじめます。

エクササイズ

自分がゆるせないと思っている自分を受け入れ、ゆるす

19

仕事は愛すべき楽しいものだと考えてみる

心のとらわれ

仕事とは、つらく憂鬱なものである

自由で幸せな気持ちはどんな仕事をしていても生み出せる

思考が現実を生み落とす

私は、心屋仁之助さんの「熱気球」という歌が大のお気に入りなのですが、中でも、特に好きなフレーズがあります。

「握りしめたその想いを捨てて
見せかけの謙虚なんて捨て去って
もっともっと高く舞い上がれ」

私は、この歌を聞いていて、これまで握りしめていたあるとらわれに気づきました。

それは、

「心理カウンセラーの仕事ではやさしい気持ちになれるけれど、弁護士の仕事ではやさしい気持ちになれない」

というもの。

弁護士になって17年が経ちますが、その間、依頼者の人間関係のトラブルの解決や事件にひたむきに向き合ってきました。

事件が解決して、未来を見据えた依頼者の姿や笑顔を見るとき、この仕事をやってきて本当に良かったと思うのですが、一方で、「弁護士であるかぎり、常に大変なことに向き合わなければならない」という思いも持っていました。

弁護士が語れるのは、正義や善悪の話だけだという観念があったり、弁護士をしているときに向き合った、思いがけない裏切りや、激務の最中の流産なども影響していたのだと思います。

自分改革を進めてきて、今、確信を持っていることの中に、こんな言葉があります。

「思考が先で、現実が後」

どういうことかというと、現実に起きることというのは、必ず自分がどんな風に物事を考え、捉えているかに起因しているのだということです。普段から考えていることによって、現実が創造されるのだということ。

だから、常に大変なことと向き合うしかないという思考で弁護士をやっているかぎり、ストレスや負荷のかかるお仕事をするという現実が生まれてしまうわけです。

そして、ストレスを感じることが起きるたびに、

「ああ、やっぱり。弁護士だからしかたないよね」

「だって、弁護士だから大変に決まっている」

「カウンセラーなら、心の氷を溶かしてあげられるのに、弁護士では難しいよね」

と、自分を納得させていきました。握りしめている思い込みの「証拠固め」をして、どんどんその思いにとらわれていたのです。

それに気づいた私は、とにもかくにも、まず思考を心地よいものに変えようと決めました。

「心理カウンセラーの仕事をしていても、弁護士の仕事をしていても、私はいつもやさしい気持ちでいられる」

「弁護士であることって素晴らしいし楽しい」

「弁護士だからこそ、伝えられることがたくさんある」

これまで心に響いていた言葉とは真逆の言葉を、自分の思考の中に深く浸透するまで何度でもつぶやいて、インストールしていったのです。

そうすると、「思考が先で現実が後」ですから、「弁護士でいると楽しい」「弁護士でいるから思いを伝えられる」と思えることが次々と起こるようになりました。

にぎりしめた思考のクセに気づく

もしもあなたが今、日々笑顔で生きられない現実があるのだとしたら、日々繰り返している「思考のクセ」に気づくことが大切です。

たとえば、仕事が楽しいと思えないとき、仕事に対してとらわれている思いがそこにあるはずです。

「仕事は、必死でやらなくてはならない」

「仕事は大変なもので、楽しむものではない」

そんな思い込みを握りしめていれば、現実はそのとおりになります。仕事はどんどん大変になり、必死で頑張る日々が続くのです。

毎日が苦しいとき、まずやるべきことは、思考をインストールし直すこと。今まで思っている観念と真逆の考えを自分に繰り返し浸透させていくことです。

すると、握りしめていた重荷が手放せる瞬間がやってきます。そして、熱気球のように、フワフワ、自由に、高く舞い上がることができます。

そこから見える景色は、格別。

高くて、広くて、自由で、幸せな気持ちは、どんな仕事、どんな環境にいても生み出すことができるのです。

エクササイズ

先に、思考を変える。

「……だからできない」を「……だからできる」に変える

20

幸せそうな人をとりあえずまねてみる

心のとらわれ

憧れの人をまねるなんておこがましい

人は案外すぐに、幸せなあの人のようになれる

強烈にイメージすると現実がついてくる

新しい前提で生きる。

自分が見ている世界は自分で創れます。

そして、自分の人生も自分で自由に創っていけます。

それを体感するために、ひとつ、実験をしてみましょう。

それは、自分が「この人みたいになれたらいいな」と思う人になったつもりで1日を過ごしてみるというもの。

実際、昨年私が自分でやってみたことなのですが、これをやると不思議なことに「あ、自分ってすごいんだ」と思えるようになるのです。

私がチャレンジしたのは、私がとてもセクシーでかっこいい女性だと思っているアンジェリーナ・ジョリー。笑われてもいいから、明日は1日アンジーになったつもりで過ごしてみることを決めました。

朝、外出する前に、鏡の前に立ってまじまじと自分の顔を見つめます。頭の中に焼き付いている、数々の映画のシーンのアンジーの表情を思い浮かべて、鏡の前の自分にそのイメージを重ねてみました。

そして、**「今日は私はアンジーだ。アンジーになりきるんだ」**と、自分に言い聞かせて外に出たのです。

そうすると、自分でも驚くくらい、不思議なことが起こりました。

今までと同じ通勤路なのに、景色が違って見えるのです。

朝なのにセクシーさを身にまとった気分で、アンジーの中に見ていたキリッとした強さを自分の中に感じ、歩く速度や足の出し方、目線、姿勢、そのすべてがいつもの自分と違っていました。

いつもと違うのは自分だけではありませんでした。電車の中や道ですれ違う男性から、何度も振り返られたり、話しかけられたり、朝の通勤時間というのに「お時間があるなら少しお話ししませんか？」と声をかけられ……こんなこと、はじめてでした。

でも、もちろんこちらはアンジーなので、驚くこともなく「またいつか」と微笑んで通過。すると、男性も「ええ、ぜひ」と爽やかに去っていくではありませんか。

「うわー。いいオンナってこれかー！　すごい」と、感動しながら、「ああ、これが、自分で人生の前提を決めて生きるということなのかも」と実感したのです。

自分がどんな人として生き、どんな人生を歩みたいかということを、具体的にハッキリと心に思い描いて、そのつもりで過ごすと、それが、現実の人生を創っていくことになる。

これを体感すると、人生は大きく変わっていきます。

それまで不自由だった感覚を手放し、自由を実感することができます。

もしもあなたが「こんな人になりたいなあ」と思う人や「この人になったつもりで生きてみたい」と思える人がいるならば、ぜひ、1日でも、朝だけでも、その人になったつもりで過ごしてみてください。

自分の前提が変われば、世界が変わるのだと、きっと、体感できるはずです。

エクササイズ

自分が憧れのあの人になったつもりで、1日を過ごしてみる

21

悩まない、トラブらないと決めてしまう

心のとらわれ

人間、悩みやトラブルはなくならない

悩みづくしの人生か、悩みのない人生かは、自分で決められる

まず変えるべきは「心の前提」

私の元へ相談に来られる方の多くは、ブログを見たり、フェイスブックで幸せそうに笑っている私の姿に「私もこうやって笑って生きたい」と言ってきてくださる方が多いのですが、ビジネスの相談では、私が心理カウンセラーであるということと、弁護士であるということの両面を信頼してきてくださることが多いようです。

純粋に法律相談でお越しいただくときというのは、自分ではもうどうしようもなく人間関係がこじれてしまっていたり、中には刑事事件になりそうな事案もあったりします。

私が、法律と心理の両面から、人間関係のもつれや心の苦しみを見つめてきたことで、改めて思うことがあります。

前項でもお伝えした、**「現実は、思考によって生み出されたものである」**ということ。離婚相談や遺産相続などの家族間の争いはもちろん、会社と会社のトラブルにしても、刑事事件にしてもそうです。

当事者がどのような心の前提で生きてきたのかは、言葉遣いと、起きている問題を見れば紐解くことができます。そして、その多くが、思考によって作り出されたまぼろしによって追い詰められていった結果なのだということ。

もしも、人生のどん底にいて、苦しくて、もう二度とそうなりたくないのなら、まず変えてほしいのが「心の前提」です。そのためには、今まで怖がってできなかったことを、あえてやってみること。今まで見ようとしなかったものに、目を向けてみることです。

以前こんなことがありました。

遺産相続の相談でいらしたある女性は、非常に怒りを露わにされて、こう言われました。

「父が残した遺産は、すべて妹に行くという遺言が書かれていて、ゆるせません。やっぱり私は愛されていなかったのだと思うと悔しくて仕方がないのです」

ですが、ここでいうところの「事実」は、「父親が残した遺言に、妹にすべてをゆずると書かれていた」ということだけ。

よくよく話を聞いてみると、両親は、大学時代に留学を望む相談者の女性に多額の学費を援助し、アメリカへと留学させてくれたのだそう。一方、進学を希望しなかった妹さんは、高校卒業後すぐに働きはじめたと言います。

相談者は留学のおかげもあって、外資系企業に就職し、十分な収入を得ていますが、妹さんは陶芸家を目指して修業中の身。

「妹ばっかりずるい」という相談者でしたが、そのことについて触れると、しばらく黙ってしまいましたが、何か感じたところがあるようでした。

しばらくして、メールが届きました。そこには「子どものころから両親にしてもらったことに、今まで一度も目を向けていませんでした。今の自分があるのは両親のおかげだと気づき、妹への恨みがましい気持ちもなくなりました」と書かれていました。

あなたの世界を、あなたがどんな感情と思考で見るのか。

それによって、現実は変わっていきます。

「世界は愛であふれている」。そう思って生きはじめると、未来だけではなく、過去のすべてが、感謝と愛にあふれたものに変わるのです。

そのために必要なこと、それこそが「これまでと逆のことをやってみる」ということ。

今あなたの目の前にあるトラブルや悩み事は、それが解決したとき、大きな人生のギフトになります。

「あれがあったからこそ、今、この幸せを感じられるんだ」

そう不自由だったことに感謝し、得られた自由を心の底から喜べる日が必ずやってきます。

なぜ断言できるのかというと、私自身がそれを体験したからです。

「今日から〝真逆〟宣言!」

今日、いまから、すぐに、無料でできること。

本を閉じたその瞬間から、ぜひやってみてくださいね。

エクササイズ 今までと真逆のことをまず1つ試してみる

あとがき

ほんの数年前まで、私は、外出をするときに弁護士バッジを外したことがありませんでした。弁護士であることが、私のアイデンティティの多くを占めていて、それが自己評価の拠りどころにもなっていました。

そのころ、私のところに舞い込んでくる仕事は、前例のない難しい裁判が少なくありませんでした。「正義のために」「理不尽さと戦うために」「自由を手にするために」、ただひたすら、依頼人のために、時間も、心も捧げて日々戦っていたのです。

気づいたときには「自分がお留守」になっていて、夫婦関係もうまくいかず、自分をゆっくり休ませてあげることすら、できていませんでした。

そんな私が

「どのみち、自分の命題として、前例がないことに立ち向かうなら、自分自身の人生の前例にないことに立ち向かってみよう」

そう思って、持っていた剣を鏡に持ち替えて自分を見つめ直し、ゆるゆる、ふわふわ、自分と向き合い、笑顔で生きると決めたのです。

以来自分自身の前例を180度くつがえすことに邁進しているうちに、いつの間にか、前例のない難しい案件は、私のところにやってこなくなっていました。

「前例のないことでも成し遂げる」。

それは、かつての私にとって、仕事におけるポリシーであり、依頼人のための決意でもあったのですが、もっと心の深いところで、過去、自由を失った自分を取り戻そうとする健気な闘いでもあり、今は亡き両親へのオマージュでもあったのだと気づきました。

人生における闘いの季節は終わりました。そして、両親の「特別であってほしい」という期待からも卒業しました。

すると、後に残ったのは両親への深い感謝の気持ちでした。

今、私が弁護士バッジを身につけるのは、東京地裁と高裁だけ。そこはセキュリティ上、バッジを身につけていないとスムーズに入れないからというだけなのですが、今の私は、肩書きも、何かに属しているという証拠もなしに、自分を素晴らしいと思えています。

ここにはただ、殻も剣も盾もない、ありのままの自分がいるだけ。

安心と自由を感じながら、私は今、私のまま、生きています。

お読みいただいたあなたの心に、自由の風が吹き込みますように。

二〇一八年一月

鳥居ミコ

鳥居ミコ（とりい・みこ）

弁護士、心理カウンセラー。1966年東京都生まれ。90年に津田塾大学を卒業し、大手金融会社のSEに。結婚後、25歳で転職。様々な職場を経験するうちに「専門知識を身につけたい」と手に取った我妻栄の書籍に感銘を受け、28歳のときに法律家を志す。４回目の司法試験で合格し、33歳で弁護士に。依頼者と全力で向き合い、日々激務に身をさらし、念願の子どもを授かるも流産。その後、人生の絶望の中で、心屋仁之助に出会い、本当に自分を大切にする生き方を選びなおした。素の自分を感じられるようになり、人間関係や仕事が次々と好転。精神的にも経済的にも豊かな日々を送れるようになった。現在は、心の専門家として、そして法の専門家として、多くの女性たちに自分らしく生きるエッセンスを伝えている。

いつもの自分がやらないほうをやってみる

2018年1月10日　初版印刷
2018年1月20日　初版発行

著　者　鳥居ミコ
発行人　植木宣隆
発行所　株式会社サンマーク出版
東京都新宿区高田馬場 2-16-11
電話　03-5272-3166
印　刷　共同印刷株式会社
製　本　株式会社村上製本所

ISBN978-4-7631-3655-8　C0030
ホームページ　http://www.sunmark.co.jp